the Best of Ray Charles

Carisch

Thanks to all the publishers involved in this project.

p 44
p 53

A FOOL FOR YOU

Words and Music by Ray Charles

E♭7 B♭ F7 B♭
no, I'm a fool for you. I know you told me
Mi♭7 Si♭ Fa7 Si♭
B♭7 E♭
you didn't want me 'round and I know
Si♭7 Mi♭
E dim 2fr.
you got a man way 'cross town. So I know
Midim
B♭ Gm7 Cm7 3fr.
it's some- thing oh, what makes me be
Si♭ Solm7 Dom7

F7
B♭
B♭7
E♭7
do you be-lieve me child I'm a fool for you
ohoh,
no I'm a fool for you.
Fa7
Si♭
Si♭7
Mi♭7
B♭
F7
B♭
Did ya ev - er wake up in the morn - ing
Si♭
Fa7
Si♭
a just a-bout the break of day
reach ver and till the pil - low
where your ba - by used to lay

then you put on your cry-ing
a like you nev-er cried be - fore
oh lord
yeah you ev - en cry so loud,
you give the blues to your neigh-bor next door
3
ev - er since you were five years
old, ba - by
I been a fool for you, little girl

way down in my soul
I'm a little fool for ya.
B♭7
So I know it's some-thing
Si♭7
G7
Cm7
3fr.
F
F7
oh,
oh, Lord
I'm a fool for you,
Sol7
Dom7
Fa
Fa7
B♭
E♭
E dim
2fr.
B♭
F7(♭5)(♭13)
B♭
I'm a fool for you.
Si♭
Mi♭
Midim
Si♭
Si♭
Fa7(♭5)(♭13)

A BIT OF SOUL

Music by Ray Charles

2.
G
G7
C7
Sol
Sol7
Do7
G7
C7
Sol7
Do7
G
Sol
D7
C7
1
G
Re7
Do7
Sol
2.
G
G♯7
4fr.
G7
trem.
Sol
Sol♯7
Sol7
trem.

AIN'T THAT LOVE

Words and Music by Ray Charles

E♭ Edim B♭
(I'll be here) (ain't that love)
here just to see you through. Now, a - in't that love ain't that
Mi♭ Midim Si♭
F7 B♭ B♭7 E♭ Edim B♭ Gm
(ain't that love) (oh, oh, oh, oh)
love ain't that love, ooohhh now ain't that love ba - by
Fa7 Si♭ Si♭7 Mi♭ Midim Si♭ Solm
C7 F7 B♭ Edim B♭ F7 B♭ E♭ B♭ B♭
(when you walk)
that I feel in my heart for you. Now when you walk I wan-na
Do7 Fa7 Si♭ Midim Si♭ Fa7 Si♭ Mi♭ Si♭ Si♭
B♭7 E♭ Edim
(when you talk)
walk with you when you talk wan - na talk some, too. Now, a - in't that
Si♭7 Mi♭ Midim

B♭ D7 Gm 3fr. C7
(ain't that love oh, ain't that love) (that I feel)
love oh, ain't that love that I feel in my
Si♭ Re7 Solm Do7
F7 B♭ B♭7
(if you ev - er)
heart for you. If you ev - er ev - er need a friend I'll be
Fa7 Si♭ Si♭7
E♭ Edim 2fr. B♭
(be with you) (ain't that love)
with you yes, un - til the end. Now, ain't that love ain't that
Mi♭ Midim Si♭
F7 B♭ E♭ Edim 2fr. B♭ Gm 3fr.
(ain't that love) (oh, oh, oh, oh)
love don't you know, ba - by don't you know, I ain't that love, ba - by
Fa7 Si♭ Mi♭ Midim Si♭ Solm

C7 F7 B♭ E dim 2fr. B♭ F7 B♭ F7
that I feel in my heart for you.
Do7 Fa7 Si♭ Midim Si♭ Fa7 Si♭ Fa7
B♭ E♭ E dim 2fr.
Si♭ Mi♭ Midim
B♭ D7 Gm 3fr. C7 F
Si♭ Re7 Solm Do7 Fa
B♭ E♭ E dim 2fr.
Si♭7 Mi♭ Midim

B♭ Gm 3fr. C7 F B♭ E♭
Sib Solm Do7 Fa Sib Mib
B♭ F7 B♭ G♭7 B♭
Sib Fa7 Sib Sol♭7 Sib
Ba - by, won't you let me hold your hand I want to squeeze you as
G♭7 B♭ G♭7 B♭
Sol♭7 Sib Sol♭7 Sib
tight as I can ba - by, don't you need my by your side to pro-tect you and
G♭7 B♭ G♭7 B♭
Sol♭7 Sib Sol♭7 Sib
be your guide ba - by, I'm so in love with you I'd do a - ny-thing you

G♭7 B♭ F7
(ain't that love) (ain't that love)
tell me to. Now, a-in't that love ain't that love c'mon
Sol♭7 Si♭ Fa7
B♭ E♭ E dim 2fr. B♭ G7
(oh, oh, oh, oh
now, ain't that love, now ain't that love, ba-by
Si♭ Mi♭ Midim Si♭ Sol7
Cm 3fr. F B♭ G7 Cm 3fr. F B♭ G7
that I feel in my heart for you oh, that I feel in my heart for you oh,
Dom Fa Si♭ Sol7 Dom Fa Si♭ Sol7
Cm 3fr. F B♭ G7 Cm 3fr. F B♭ B♭6 5fr.
that I feel in my heart for you oh, that I feel in my heart for you oh.
Dom Fa Si♭ Sol7 Dom Fa Si♭ Si♭6

BORN TO LOSE

Words and Music by Ted Daffan

C F♯dim G7/4 G7 F G7 C F G7 C Am E
you. Born to lose, it seems so hard to bear;
you. There's no use to dream of hap - pi - ness;
Do Fa♯dim Sol7/4 Sol7 Fa Sol7 Do Fa Sol7 Do Lam Mi
C7 F C G7 C G7
How I long to al - ways have you near; You've grown
All I see is on - ly lone - li - ness; All my
Do7 Fa Do Sol7 Do Sol7
C Gm7 C7 F G7 Dm7
tired and now you say we're through; Born to lose, and
life I've al - ways been so blue;
Do Solm7 Do7 Fa Sol7 Rem7
G7 1. C F♯dim G7/4 G7 F G7 2. C A♭7 C
now I'm los - in' you. Born to you.
Sol7 Do Fa♯dim Sol7/4 Sol7 Fa Sol7 Do rit. La♭7 Do
4fr.

BUSTED

Words and Music by Harlan Howard

C C7 F F7
cow that went dry and a hen that won't lay, a big stack of bills that gets big - ger each day. The
broth - er said, "There ain't a thing I can do; my wife and my kids are all down with the flu; and
fields are all bare and the cot - ton won't grow. Me and my fam-'ly got to pack up and go, but
Do Do7 Fa Fa7
G7 C C7
coun - ty's gon - na haul my be - long - ings a - way 'cause i'm bust - ed.
I was just think - ing a - bout call - ing on you! And I'm bust - ed."
I'll make a liv - ing just where I don't know 'cause I'm bust - ed.
Sol7 Do Do7
1.2. G7
3. G7
I
Well,
Sol7 Sol7
C C7 C C7
Repeat and fade
(Spoken:) I'm broke!
No bread! I mean like nothin' Forget it!
Do Do7 Do Do7

DON'T YOU KNOW

Words and Music by Ray Charles

G C G Am7 D6 Am7
please turn your lamp down low come on ba-by girl I'm in love with
Sol Do Sol Lam7 Re6 Lam7
G C G Cmaj7 G C7 Cmaj7
you so. now I know I've been a-way for such a long time
Sol Do Sol Domaj7 Sol Do7 Domaj7
G Cmaj7 C7 F6 C7
but no ba - by I can't get you off of my mind. So come on, please ba-by come
Sol Domaj7 Do7 Fa6 Do7
G C G Am7 D6 Am7 G C G
on come on, come on love your dad-dy all night long.
Sol Do Sol Lam7 Re6 Lam7 Sol Do Sol

Cmaj7 G C7 Cmaj7 G
Now if you love me like I love you we can do all the things that we
Domaj7 Sol Do7 Domaj7 Sol
Cmaj7 C7 F6 C7 G C G
used to do. So come on, oww, ba-by come on
Domaj7 Do7 Fa6 Do7 Sol Do Sol
Am7 D6 Am7 G C G
please ba-by come on love your dad-dy all night long.
Lam7 Re6 Lam7 Sol Do Sol
G7 C7 G
Sol7 Do7 Sol

C7
G
trem.
Do7
Sol
C6
7fr.
Am7
D7
G
D7/4
D13
Say,
Do6
Lam7
Re7
Sol
f
Re7/4
Re13
G
C7
Cmaj7
G
have you heard ba-by Ray___ Charles___ is in town let's mess a-round till the mid-night hour___
Sol
Do7
Domaj7
Sol
C♯dim
3fr.
C7
F6
C7
G
C
G
see what he's putt-in down.___ Come on___ please ba-by, come on, child___
Do♯dim
Do7
Fa6
Do7
Sol
Do
Sol

Am7 D6 Am7 G C G
oh lord, ba-by come on, all night long.
Lam7 Re6 Lam7 Sol Do Sol
G C G G C G
Turn your lamp down low 'cause I love you so
Sol Do Sol Sol Do Sol
C7 F6 C7 G C G
ba-by please come on love your dad-dy all night long
Do7 Fa6 Do7 Sol Do Sol
Am7 D6 Am7 G C G
you hear me talk-in, ba-by ba-by please come on.
Lam7 Re6 Lam7 Sol Do Sol

GEORGIA ON MY MIND

Words by S.Gorrell - Music by H.Carm chael

F A(♯5) A7 Dm G7 D♭dim C13 F
I'll go back to Geor - gia 'cause that's where I be - long.
Fa La(♯5) La7 Rem Sol7 Re♭dim Do13 Fa
F A7 Dm Gm Bbm
Geor - gia, Geor - gia, the whole day through, Just an
Fa La7 Rem Solm Si♭m
F E7 Gm G9 C7 F F♯dim Gm7 C7(♯5)
old sweet song keeps Geor - gia on my mind (Geor - gia on my mind)
Fa Mi7 Solm Sol9 Do7 Fa Fa♯dim Solm7 Do7(♯5)
F A7 Dm Gm B♭m F E7
Geor - gia, Geor - gia, a song of you Comes as sweet and clear as
Fa La7 Rem Solm Si♭m Fa Mi7

Gm G9 C13 F E♭9 F A7 Dm Gm6 Dm B♭7
moon-light through the pines.
Oth-er arms reach out to me;
Solm Sol9 Do13 Fa Mi♭9 Fa La7 Rem Solm6 Rem Si♭7
Dm Gm6 Dm7 G7 Dm Gm6 Dm7 E7 Am F♯dim Fm6
Oth-er eyes smile ten-der-ly;
Still in peace - ful dreams I see the road leads back to
Rem Solm6 Rem7 Sol7 Rem Solm6 Rem7 Mi7 Lam Fa♯dim Fam6
Am C7 F A7 Dm Gm B♭m
you, Geor-gia, Geor-gia, no peace I find, Just an
Lam Do7 Fa La7 Rem Solm Si♭m
F E7 Gm G9 C13 1. F Dm Gm7 C13 C7(♯5) 2. F B♭13 C7(♯5) F6
old sweet song keeps Geor-gia on my mind.
mind.
mf
Fa Mi7 Solm Sol9 Do13 Fa Rem Solm7 Do13 Do7(♯5) Fa Si♭13 Do7(♯5) Fa6

HALLELUJAH I LOVE HER SO

Words and Music by Ray Charles

Dm B♭7 G7 C7/4 F
(Tacet)
know, Hal - le - lu - jah, I just love him so.
(her)
Rem Si♭7 Sol7 Do7/4 Fa
F B♭ B dim 9fr. F
(Tacet)
When i'm in trou - ble and I have no friends,
I know he'll go with me un -
(she'll)
Fa Si♭ Sidim Fa
B♭ B dim 9fr. C7 F F7 F7(♯5)
(Tacet)
(Tacet)
-til the end.
Ev - 'ry-bod - y asks me how I know.
Si♭ Sidim Do7 Fa Fa7 Fa7(♯5)
B♭ B dim 9fr. F A7
(Tacet)
(Tacet)
I smile at them and say he told me so.
(she)
That's why I know, yes, I
Si♭ Sidim Fa La7

Dm B♭7 G7 C7/4 F F7(♯5)
know, Hal - le - lu - jah, I just love him so.
(her)
Rem Si♭7 Sol7 Do7/4 Fa Fa7(♯5)
B♭ B dim 9fr. B dim 9fr. F
(Tacet)
Now if I call him on the tel - e - phone, And tell him that I'm
(her) (her)
Si♭ Sidim Sidim Fa
F7 F7(♯5) B♭9 A♭9 3fr. A♭9 3fr.
(Tacet)
all a - lone, By the time I count from one to four,
Fa7 Fa7(♯5) Si♭9 La♭9 La♭9
G7 C7 F
(Tacet)
I hear him on my door. In the eve - ning when the
(her)
Sol7 Do7 Fa
* Make knocking sound

B♭ B dim F B♭ B dim C7
(Tacet)
sun goes down, When there is no-bod-y else a-round,
Si♭ Sidim Fa Si♭ Sidim Do7
F F7 F7(♯5) B♭
(Tacet) (Tacet) (Tacet)
He kiss-es me and he holds me tight. He tells me "Ba-by, ev-'ry-
(She) (she) (And) (Dad-dy)
Fa Fa7 Fa7(♯5) Si♭
B dim F A7 Dm B♭7
(Tacet)
-thing's all right". That's why I know, yes, I know, Hal-le-
Sidim Fa La7 Rem Si♭7
G7 C7/4 F 1. D♭7 C7 2. B♭7 F
-lu-jah, I just love him so.
(ner)
Sol7 Do7/4 Fa Re♭7 Do7 Si♭7 Fa

I CAN'T STOP LOVING YOU

Words and Music by Don Gibson

C7 F C
I can't stop lov - ing you, so I've made up my mind to live in
I can't stop lov - ing you, there's no use to try pre-tend there's
Do7 Fa Do
G7 C C7 F
mem - o - ry of old lone-some times. I can't stop want - ing you,
some - one new, I can't live a lie. I can't stop want - ing you
Sol7 Do Do7 Fa
C G7
it's use - less to say, so I'll just live my life in
the way that I do. There's on - ly been one love for
Do Sol7
1. 2.
C F/G C G7 C F C
dreams of yes - ter - day. Those hap-py
me; that one love is you.
Do Fa/Sol Do Sol7 Do Fa Do

I GOT A WOMAN

Words and Music by Ray Charles

A E
-deed I got a woman, way ov-er town she's good to
La Mi
A D7 A E7 A
me, oh yeah. She saves her lov - in' early in the
La Re7 La Mi7 La
E A D7 A A7
morn - in' just for me, oh yeah she saves her lov -
Mi La Re7 La La7
D E
- in' early in the morn-in' just for me, oh
Re Mi

A
A7
yeah she saves her lov - in', just for me al - - ways
La
La7
D
A
loves me, so ten-der - ly I got a wom-an, way ov-er
Re
La
E
A
D7
A
E
town she's good to me, oh yeah.
Mi
La
Re7
La
Mi
A
La

E
A
A7
F♯m7(♭5)
F6
Mi
La
La7
Fa♯m7(♭5)
Fa6
A
F♯m
D
E
A
D
A
D
E
A
B♭maj7
La
Fa♯m
Re
Mi
La
Re
La
Re
Mi
La
Si♭maj7
She's there to love me
both day and night
nev - er grum - bles or fus - ses
al - ways treats me right
nev - er run - nin' in the streets

A
B♭maj7
A
B♭maj7
a leav-in' me a-lone
she know a wom-an place
La
Si♭maj7
La
Si♭maj7
A
A
E
is right there, now, in the home. I got a wom-an, way ov-er town
La
La
Mi
A
D7
A
A7
D
she's good to me, oh yeah said I got a wom-an,
La
Re7
La
La7
Re
E
way ov-er town she's good to me, oh yeah
Mi

A
A7
well, she's my ba - by,
I don't you un-der-stand
yeah,
La
La7
D
A
I'm
her lov-in' man, now
I got a wom-an,
way ov-er
Re
La
E
A
D
A
town
she's good to me,
oh
yeah
well, don't you know she's all
Mi
La
Re
La
Repeat and fade
right
well, don't you know she's all
right
she's all right, she's all right.

NO ONE

Words and Music by Doc Pomus, Mort Shuman

Cm A♭7 F7 B♭ D7
true. No one ev-er hurt me the way that you
Dom La♭7 Fa7 Si♭ Re7
E♭ Edim B♭ F(♯5) B♭ Edim
do, 'Cause no one ev-ve broke my heart in two. But
Mi♭ Midim Si♭ Fa(♯5) Si♭ Midim
F7 Fdim F7 B♭ Fm6 G7 C7
I'll keep on car-ring my whole life through For no one,
Fa7 Fadim Fa7 Si♭ Fam6 Sol7 Do7
F7 1. B♭ Edim Cm7 F7(♯5) 2. B♭ E♭7 B♭
no one but you. you.
rit. rall.
Fa7 Si♭ Midim Dom7 Fa7(♯5) Si♭ Mi♭ Si♭
Ped.

HIT THE ROAD JACK

Words and Music by Percy Mayfield

Cm 3fr. A♭7 4fr. G7 Cm 3fr.
mean - est old wom - an that I've ev - er seen. I guess if you said
Dom Lab7 Sol7 Dom
A♭ 4fr. G7(♯5) Cm 3fr.
so I'd have to pack my things and go. (That's right)
Lab Sol7(♯5) Dom
G7 Cm 3fr. A♭7 4fr. G7(♯5) Cm 3fr. A♭7 4fr. G7
Hit the road Jack and don't you come back no more, no more, no more, no more. Hit the
mf
Sol7 Dom Lab7 Sol7(♯5) Dom Lab7 Sol7
Cm 3fr. A♭7 4fr. G7 Cm 3fr. A♭7 4fr. G7
to Coda
road Jack and don't you come back no more. Now
Dom Lab7 Sol7 Dom Lab7 Sol7

Cm
A♭7
G7
ba - by, lis - ten ba - by, don't - a treat me this - a way For I'll be back on my feet some day. Don't
Dom
Lab7
Sol7
care if you do 'cause it's un - der - stood you ain't got no mon-ey you just ain't no good. Well, I
D. S. 𝄋 al Coda
A♭
G7(♯5)
guess if you say so I'd have to pack my things and go. (That's right) Hit the
Lab
Sol7(♯5)
Coda
Repeat and fade
more. Don't you come back no more.

ONE MINT JULEP

Music by Rudolph Toombs

C F9 C F9
Do Fa9 Do Fa9
Dm7 G9 Dm7 G9 C F9 C
Rem7 Sol9 Rem7 Sol9 Do Fa9 Do
E7 E♭7
Mi7 Mi♭7
D7
Re7
G7 G9 F♯7 G7 G9(♯5) C
Sol7 Sol9 Fa♯7 Sol7 Sol9(♯5) Do
F9 C F9 C
Fa9 Do Fa9 Do

F9 C F9 G9 A♭9 G7
3fr.
Fa9 Do Fa9 Sol9 La♭9 Sol7
Dm7 G7
1.
C F9
Rem7 Sol7 Do Fa9
2.
To Optional Interlude
3. Fine
C F9 C F9 C F9 Dm7 D♭9 C9
ff
Do Fa9 Do Fa9 Do Fa9 Rem7
Re♭9 Do9
Optional Interlude
C F9 C F9
f
Do Fa9 Do Fa9
C F9 C F9
Do Fa9 Do Fa9
C G7 C F9 C F9
D. S. al Fine
Do Sol7 Do Fa9 Do Fa9

RUBY

Words by Mitchell Parish - Music by Heinz Roemheld

C Cmaj7 C♯dim Gm7 G7
say, Ru - by, you're like a song, you don't know right from
Do Domaj7 Do♯dim Solm7 Sol7
Em Em7 Am Fmaj7 F Fm
wrong, and in your eyes I see heart-aches for me, but from the
Mim Mim7 Lam Famaj7 Fa Fam
C(♯5) C Fm G7(♯5) C Dm7 C
start, who stole my heart? Ru - by, it's you. I
Do(♯5) Do Fam Sol7(♯5) Do Rem7 Do
Fm G7(♯5) Cmaj7 C6 7fr.
hear your voice and I must come to you, I
Fam Sol7(♯5) Domaj7 Do6

Fm Fm6 Dm7 G7 G7(♯5)
have no choice, what else can I do? They
Fam Fam6 Rem7 Sol7 Sol7(♯5)
C Cmaj7 C♯dim Gm7 G7 Em Em7
say, Ru - by, you're like a flame, in - to my life you came,
Do Domaj7 Do♯dim Solm7 Sol7 Mim Mim7
Am Fmaj7 F Fm C(♯5) C
and tho' I should be - ware still I don't care, you thrill me so, I on - ly
Lam Famaj7 Fa Fam Do(♯5) Do
Fm G7(♯5) 1. C Am7 Dm7 G7(♯5) 2. C Fm C
know, Ru - by, it's you. They you.
Fam Sol7(♯5) Do Lam7 Rem7 Sol7(♯5) Do Fam Do

SHAKE A TAIL FEATHER

Words and Music by Otis Hayes, Andre Williams, Verlie Pice

D G D
that the boog - a - loo is out of sight, but the shing - a - ling's the thing to - night,
Re Sol Re
G D Bm
but if that was you and me now, now ba - by, I would have
Sol Re Sim
E7 A
shown you how to do it right. Do it right.
Mi7 La
A7
Do it right. Do it right. Do it right. Do it right.
La7

A
Ah
La
D G D
Twist - in', shake it shake it shake it shake it ba - by.
Re Sol Re
A G D
Hey we gon - na loop de loop. Shake it out
La Sol Re
G A
ba - by. Hey we gon - na loop de la. Bend ov - er let me
Sol La

see you shake your tail - fea - ther, bend ov - er let me see you shake your tail - fea - ther.
A7
Come on, let me see you shake your tail - fea - ther, come on, let me
La7
A
see you shake your tail - fea - ther. Ah
1.
2.
Come on,
La
D
G7
D
G7
come on ba - by, come on,
Re
Sol7
Re
Sol7

D G7 D G7
yeah come on babe, all right. Do the
Re Sol7 Re Sol7
D G7 D
twist, do the quack,
duck, do the mon-key,
-ta-to, what a-bout the boog-a-loo,
Re Sol7 Re
G7 D G7
do the swim, and do the
wa-tu-si, what a-bout the
the phon-ey mo-ron-ey, come on let's do the
Sol7 Re Sol7
D G7 A
play 3 times
D. S. 𝄋
and fade
bird. Well do the Ah
food, do the mashed po-
twist.
Re Sol7 La

THE RIGHT TIME

Words and Music by Lew Herman

A♭ 4fr.
(night and day) (night and day)
-by when I come hone ba-by, now I wan-na be with the one I love,
La♭
E♭
(night and day) (night and day)
now you know what I'm think-ing of. I know the night
Mi♭
B♭7 A♭7 4fr.
(night and day, oh) (night and day, oh)
time whoa, is the right time to be with the one you love,
Si♭7 La♭7
E♭
(night and day) (night and day)
now I said to be with the one you love. You know my
Mi♭

(night and day)
mo - ther, now had to die, now umm, and my
(night and day)
fa - ther well he broke down and cry. Whoah! whoa ba-
Ab 4fr.
(night and day)
- by, whoa when I come home ba-by now I want you to hold my hand
Lab
Eb
(night and day)
yeah, tight as you can. I know the night
Mib

B♭7
A♭7
4fr.
(night and day, oh)
(night and day, oh)
3
4
time whoah is the right time to be with the one you love,
Si♭7
La♭7
E♭
(night and day)
(night and day)
female voice
3
now you know what I'm think-ing of.
Whoah! sing your song, Margie.
Ba - by
Mi♭
(night and da - y)
(night and da - y)
ba - by
ba - by
(night and da - y)
(night and da - y)
oh, ba - by.
Do I love

A♭
4fr.
3
(night and da - y)
you?
No one a - bove you
(night and da - y)
hold me tight
La♭
E♭
(night and da - y)
and make ev - er - y - thing
(night and da - y)
all right.
be - cause the
Mi♭
B♭7
(night and da - y)
night time
oh, is the right
A♭7
4fr.
(night and da - y)
time
to be with the one
Si♭7
La♭7
E♭
(night and da - y)
you love now
oh
yeah now.
(night and da - y)
Tease me
Mi♭

(night and da - y)
squeeze me
(night and da - y)
leave me
(night and da - y)
ah, don't leave me.
(night and da - y)
Lawdy ba -
A♭ 4fr.
(night and da - y)
- by take my hand,
(night and da - y)
now I don't need
La♭
E♭
(night and da - y)
no o - ther man.
(night and da - y)
Be - cause the
Mi♭

B♭7
A♭7
4fr.
(night and da - y)
(night and da - y)
night time ow, is the right time. to be with the one you
Si♭7
La♭7
E♭
(night and da - y)
(night and day)
male voice
love now oh yeah now. I said ba -
Mi♭
(night and day)
(night and day)
- by ba - by ba - by
(night and day)
(night and day)
3
whoah! ba - by now. Oh come on ba -

A♭
4fr.
(night and day)
(night and day)
- by you know I want you by my side I want you to keep
La♭
E♭
(night and day)
(night and day)
oh keep me sa - tis - fied now. I know the night
Mi♭
B♭7
A♭7
4fr.
(night and day)
(night and day)
time now ev - 'ry - day is the right time yeah to be with th' one you
Si♭7
La♭7
E♭
(night and day)
(night and day)
love now. Well you know it's all all right yeah.
Mi♭

WHAT'D I SAY

Words and Music by Ray Charles

C7
B♭7
F7
F
right, now.
right, now.
right.
Tell me what'd I
Do7
Si♭7
Fa7
Fa
say?
Tell me what'd I
say right now?
Tell me what'd I
know,
I wan-na
know.
Ba-by, I wan-na
B♭7
say?
Tell me what'd I
say?
Tell me what'd I
know right now,
Yes, I wan-na
know.
Hon-ey, I wan-na
say?
Tell me what'd I
say?
Yes, I wan-na
know,
Yes, I wan-na
know.
1.

F
2.
Hey, (Hey) ho, (ho) hey, (hey)
Hey, (Hey) ho, (ho) hey, (hey)
Huh, (Huh) ho, (ho) huh, (huh)
Fa
ho, (ho) hey, (hey) ho, (ho) hey, Sing me one more
ho, (ho) hey, (hey) ho, (ho) hey, Make me feel so
ho, (ho) huh, (huh) ho, (ho) huh, Ba - by, it's all
F
time, Sing me one more time, Sing me one more
good, Make me feel so good, Make me feel so
right, Ba - by, it's all right, right now, Ba - by, it's all
Fa
B♭7
F
time, Sing me one more time, Sing me one more
good, right now, Make me feel so good, Make me feel so
right, Ba - by, it's all right, Ba - by, it's all
Si♭7
Fa

C7
B♭7
F
1.2
3.
time,
Sing me one more
time,
good,
Make me feel so
good,
right,
Ba - by, it's all
right.
Come on, twist that
Do7
Si♭7
Fa
F
thing,
Come on, twist that
thing,
Keep a - twist - in' that
right,
Well, I feel all
right,
Well, I feel all
Fa
B♭7
F
thing,
Keep a - twist - in' that
thing,
Keep a - twist - in' that
right,
Well, I feel all
right,
Well, I feel all
Si♭7
Fa
C7
B♭7
F
1.
2.
thing,
Keep a - twist - in' that
thing.
Make me feel all
right.
Well, I feel all
right.
Do7
Si♭7
Fa

YOU ARE MY SUNSHINE

Words and Music by Jimmie Davis, Charles Mitchell

F
C7
F
-tak - en and I hung my head and cried:
-oth - er you'll re - gret it all some day:
-oth - er you have shat - tered all my dreams:
Fa
Do7
Fa
F
F dim
3fr.
F
F7
B♭
You are my sun - shine my on - ly sun - shine you make me hap - py
Fa
Fadim Fa
Fa7
Si♭
F
F7
B♭
F
when skies are gray You'll nev - er know dear how much I love you Please don't
Fa
Fa7
Si♭
Fa
1.2.
3.
C7
F
take my sun - shine a - way. 2. I'll al - ways way.
3. You told me
Do7
Fa
rit.

SWANEE RIVER ROCK

Words and Music by Ray Charles

F F7 B♭
that's where, where my heart is turn-ing, oh,
Fa Fa7 Si♭
B dim 9fr. F G7 C7/4 F
ev - er, And - a that's where, that's - a where the old folks stay
Sidim Fa Sol7 Do7/4 Fa
F7 G♯dim 6fr. B♭m6 F C7 Gm7 C7
All the world is
Fa7 Sol♯dim Si♭m6 Fa Do7 Solm7 Do7
F B♭
sad and lone - - - ly now Ev - - - 'ry -
Fa Si♭

B dim 9fr. F D m7 G m7 C 7/4
- where I roam. Keep a - tell - ing you, my
Sidim Fa Rem7 Solm7 Do7/4
F F7 B♭
darl - ing, how my heart is grow - ing sad, so sad and
Fa Fa7 Si♭
B dim 9fr. F D m G 7 C 7/4 F
lone - ly, Be - cause I'm so far, I'm far from my folks back home.
Sidim Fa Rem Sol7 Do7/4 Fa
1. F 7 G♯dim 6fr. B♭m6 F 2. B♭7 F
Do you know,
Fa7 Sol♯dim Si♭m6 Fa Si♭7 Fa

YOU DON'T KNOW ME

Words and Music by Eddy Arnold, Cindy Walker

C C7 F
know the one who dreams of you at night and longs to kiss your lips and longs to
Do Do7 Fa
F♯dim C A7 Dm G7
hold you tight. To you I'm just a friend, that's all I've ev - er been, but you don't
Fa♯dim Do La7 Rem Sol7
C F C C7 F
know me. For I nev - er knew the
Do Fa Do Do7 Fa
C C♯dim Dm G7 C
art of mak-ing love, though my heart ached with love for you. A -
Do Do♯dim Rem Sol7 Do

Am Em D7
-fraid and shy, I let my chance go by, the charce you might have loved me
Lam Mim Re7
G7 Dm7 G7 C C7
too. You give your hand to me and then you say good-bye. I watch you
Sol7 Rem7 Sol7 Do Do7
F F♯dim C A7
walk a-way be-side the luck-y guy. To nev-er nev-er know the one you
Fa Fa♯dim Do La7
Dm G7 C F 1. C G7 G7(♯5) 2. C
loves you so; no, you don't know me. You give your
Rem Sol7 Do Fa Do Sol7 Sol7(♯5) Do

INGRAF s.r.l. - Via Monte S. Genesio 7 - Milano
Stampato in Italia - Printed in Italy - Imprimé en Italie 2004